A Kalmus Classic Edition

François

COUPERIN

THE GRADED COUPERIN

Compiled and Edited by
Marthe Morhange Motchane

FOR PIANO SOLO

K 02255

Kalmus

COLLECTION ANDRÉ MEYER, PARIS

FACSIMILE PAGE FROM THE ORIGINAL EDITION OF PIÈCES DE CLAVECIN. SEE ALSO P. XI.

Tendrement
Les Abeilles.
Rondeau
Fin
Reprise
Rondeau jusqu'au mot Fin
Canaries
Reprise
Petite reprise
Fin.

PREFACE

Couperin appeared on the musical scene about 1690, just after the high noon of French classical civilization — one of the supreme moments of Western history. He represents some of its high and accomplished achievements, uniting the Italian and the French musical tradition. This style, started by Lully, conquered Europe for several decades and culminated in the magnificent synthesis of Bach, which closed a whole epoch of pre-classical or baroque music. Couperin created music of rare perfection.

François Couperin, called "The Great" before he was forty, was born in Paris 300 years ago on November 10, 1668. Like Bach, he came from a musical family and was a child prodigy. Recognition came early. In 1693 he was selected by Louis XIV for the position of organist and harpsichordist at Versailles. Here, he also taught the children of royalty.

Little is known of his personal life. He exists for us wholly in his work. One should hardly neglect the frame of mind of his and of his times if one is to do justice to what he intended and to understand the spirit in which his music was written.

We can only hint here at the severe classical form of the time, the controlled and restrained expression, the supremacy of reason in guiding the artistic feeling and in finding "the truth." This was the ideal of beauty, and it had to be accomplished in a way "pleasing to the senses and the mind" — a reaction, in part, to Renaissance power and vehemence. Compared to our long tradition of romantic exuberance, the pre-classical "pleasing" expression may seem to us almost too restrained. But then, the romantic approach would have appeared barbaric to Couperin's listeners, attuned, as they were, to subtle shades of expression, even though the emotion and passion behind this expression was just as strong then as now. The "true nature" was something universal, the "hidden truth" behind the exterior, the particular. "Portraits", a popular literary form of the time was intent on expressing it. Impressionistic description would have appeared a frivolity.

Couperin's works for harpsichord were the first expression of the new style. He was the first great composer whose harpsichord pieces were not to be played on any other instrument — even before Rameau, Scarlatti, Handel and Bach, who knew and were influenced by him. His harpsichord music is the most personal and distinctive part of his work.

Between 1713 and 1730 Couperin published his four books of harpsichord pieces, and in the tradition of his time grouped them by tonality — major and minor. He called these groups "Orders", possibly because while maintaining a certain sequence of movements of the usual Suite, they do not follow it too closely. The musical unit still is rather the single piece which has each its own distinctive rhythmic and melodic nature.

Couperin himself provided very detailed explanations on how to perform his harpsichord music. One of the great difficulties encountered are the ornaments which (on the piano) should, as it were, disappear into the melodic line and not be made to stand out.

Phrasing, as the term is applied to classical and 19th century music, did not exist at the time of Couperin. The use of the slur by him, and of the comma (introduced in his later works), is explained separately. No phrasing has been added. Couperin's melody resembles so much the diction of a song, that phrasing should come naturally.

He was much preoccupied with the problem of expression at the harpsichord — " . . . the sounds of the harpsichord are each fixed, and consequently incapable of increase and diminution . . . " As applied to the piano, we would be advised in good pre-classical tradition to use its sonic range with moderation. In this spirit, good musicianship and respect for the taste of the time will be a sure guide for the performer.

Couperin is a great melodist. His melody, swinging from hand to hand, never makes for perfect counterpoint, but rather, a flowing, uninterrupted and intricate design, on which the ornaments find their place without being an essential part of it. They are a necessary help for expression, but not easy interpretatively. His melodies carry a full range of emotion and expression: joyous, burlesque, tender, languishing, proud, noble, majestic and tragic.

His harmony is rich and spontaneous, bold in the use of chromatic dissonances. His contrapuntal style is very free. He uses for the most part two or three voices. Even so, he does not always keep the same number of voices from beginning to end. We shall indicate briefly some characteristic forms with a few examples.

In his lively pieces, often the voices follow each other, meet and separate again in imitation style. (See *Ardor, Hope, L'Espagnolette.*)

In a different way, mostly where he uses three voices (four in *Les Jumelles*), they are interwoven as in a delicate net, one note being played at a time, and all notes held. This creates a veiled and flowing song — several melodies producing a supple, intricate and yet clear melody " . . . closer to an intimate, lyrical, and solitary song than any keyboard music known before — poetical and human."* (See *Lis Naissans, Les Fauvètes Plaintives, La Muse Plantine.*)

This technique is found particularly in a kind of piece created by Couperin " . . . slow, expressive, dreamy — neither pastoral nor popular, nor a dance — deep, sad and melancholy, a kind we find later in Chopin and Debussy."* (See *La Reine des Coeurs, L'âme en peine, L'Exquise.*)

Another new kind is found in some of his fast pieces, where cascades of sixteenth notes create scintillating movement. These "badineries" or badinage may be witty or jocular, but always with a solid foundation. (See *Les Calotins* and *La Florentine.*) These new pieces may be more contrapuntal or more harmonic, but in manner they bring the French and Italian styles together in living unity.

A still different kind, richer in harmonies, will start in contrapuntal style, but the second voice quickly changes to a bass accompanying a soprano melody, as in *La Ténébreuse.*

La Favorite is a chaconne-rondeau in duple time. "There is nothing outside Bach that has such massive dignity of workmanship, yet could be written by no one but Couperin." **

Finally, in the *Passacaille,* wonderfully and powerfully expressive, Couperin uses the full range of the instrument. In spite of its great intensity, it is true to classical form, a vigorously disciplined statement of tragic grandeur and final resolution. It is, like *La Favorite,* a chaconne-rondeau, but the theme of the rondeau mounting instead of descending, with the implacable repetition not only of the bass, but of the whole opening period.

Much has been written about Couperin's titles. He says in the preface to his first book: "I have always had an object in writing these pieces, suggested by various occasions, so the titles correspond to the ideas that have occurred to me. I shall be forgiven for not speaking about them." Rousseau, not very much later says: "The art of the musician is not to paint the immediate object, but to put the soul in a mood similar to one their presence would bring out."

These quotations, and what we know about the interest of the period in portraits (with their universal truth about man), explain the place the titles occupy and much of their meaning. The titles often suggest a way of performing, the mood in which a piece should be played. When they are not mysterious, they express a quality, such as *L'Exquise,* which may be a portrait, or may mean simply a piece about being exquisite. Some refer with certainty to ladies. Still, they are by far not all feminine portraits, even many of those whose name seems to suggest it. They cover the widest range of "true images," from the popular or intimate, nature, scenes, satires, evocations.

Like Bach, Couperin was quickly forgotten in the tumultuous changes which music underwent from 1730-1750. Both wrote for the harpsichord. Bach was rediscovered by Mendelssohn around 1830 and his keyboard music was played on the piano. By now it is established custom. I have suggested elsewhere that the same would be true also for Scarlatti, even for his less spectacular but not less perfect pieces, which have been neglected. It is certainly true for Couperin with his incisive, limpid design and intensity of meaning. The piano offers an eminently complete range of possibilities if handled with proper respect for the taste of the time. It is never necessary to imitate the harpsichord.

The rediscovery of Couperin is hardly a hundred years old. It came in the wake of the new style, replacing forms and harmonies dominant in the romantic tradition: it produced new musical and dramatic forms, less subjective, discrete and poetic, closer to the spirit of pre-classical restraint.

Couperin's distinctive traits appear from the very beginning: melody, inventiveness, mastery.

He is not a miniaturist. His music is full of vigor as much as of subtlety. He knew his worth. He had the humility of a genius. He was a poet of charm and emotion; sensitive, sometimes melancholy, no friend of mere brilliance. In his own words: "I must confess that I greatly prefer that which moves, to that which surprises me."

This selection of Couperin's work presents pieces, the editor feels, among the most beautiful of this great musician. The text scrupulously follows the original, except for a few unavoidable changes which are listed separately. The accomplished performer — pianist or harpsichordist — will find the only challenge in the music itself.

This is also a graded Couperin — grading used as one of the guides for the developing musician. The intention of this volume is to make a meaningful access to this magnificent and charming music both possible and easy.

*Citron: *Couperin,* pp. 91, 109.

** Mellers: *François Couperin,* p. 210.

PRÉFACE

L'oeuvre de Couperin commence vers 1690, peu après l'apogée de la civilisation classique française, un des moments suprêmes de l'histoire occidentale. Elle représente un de ses plus beaux chefs-d'oeuvre, unissant la tradition musicale italienne et française; un style commencé par Lully, qui a conquis l'Europe pendant plusieurs décades à la veille de la synthèse magnifique de Bach, qui ferme cette grande époque de musique baroque ou préclassique. Couperin a créé une musique d'une perfection rare.

François Couperin, surnommé le Grand avant qu'il n'ait quarante ans, est né il y a 300 ans à Paris (le 10 novembre 1668). Il est enfant prodige et il vient comme Bach d'une famille de musiciens. Il succède très jeune à son père comme organiste de St. Gervais, it compose, enseigne, devient vite célèbre. Louis XIV le choisit comme organiste et claveciniste à Versailles. Il enseigne aux enfants du Roi. Il dit: "J'appartiens au Roi". Il a une quantité de musique à produire, musique de commande, le Roi n'écoutant jamais deux fois la même musique.

Cependant, il n'appartient pas qu'au Roi mais aussi à la ville où il continue à habiter, regardant les humains, grands, haut placés, ou les petites gens et la vie autour de lui. C'est dans ses quatre volumes pour le clavecin que nous retrouvons tout ce monde divers.

Nous savons peu sur la vie personnelle de Couperin. Il existe pour nous surtout dans sa musique. Mais on ne peut pas négliger les attitudes — les siennes et celles de son temps — si l'on veut comprendre de plus près son oeuvre et bien saisir dans quel esprit elle a été écrite.

Nous devons nous contenter d'évoquer seulement la forme sévère classique de l'idéal de beauté dans le "vrai", qui est découvert par la raison. Son expression artistique devant être sobre et "plaisante pour les sens et l'esprit", c'est-à-dire absolument contrôlée — une réaction, en partie, à la puissance et à la véhémence de la Renaissance. Après notre longue et exhubérante tradition romantique qui favorise les manifestations les plus directes et intenses, le "plaisant" de l'expression préclassique pourrait paraître mince. Mais le romantisme paraîtrait sûrement lourd et barbare au public de Couperin habitué aux nuances d'expression subtiles. Cependant, l'émotion, la passion étaient tout aussi fortes alors que de nos jours. Il faut aussi penser au but de l'artiste—exprimer la "nature vraie", ce qui était quelque chose d'universel, la "vérité cachée" derrière l'extérieur, le particulier. Les "Portraits" populaires dans le temps, cherchaient à l'exprimer: une description impressionniste paraîtrait frivole.

Cette recherche de "parfaite beauté" reste la partie essentielle du monde de Couperin. Elle se révèle dans sa superbe maîtrise de style et son exigence de perfection dans son art. Mais elle va se tempérer par une compréhension, et finalement une mélancolique acceptation du monde, qui reflète le rétrécissement de l'idéal du 17ème siècle à une dimension plus humaine.

Couperin est le premier à réaliser au clavecin une expression parfaite de ce style nouveau. Il est le premier des grands compositeurs dont la musique pour clavecin ne devait être jouée sur aucun autre instrument. Ceci avant Rameau, Scarlatti, Haendel et Bach qui ont été influencés par lui. Sa musique de clavecin est la part la plus personnelle et caractéristique de son oeuvre.

Couperin a publié ces quatre livres de clavecin entre 1713 et 1730 (il est mort en 1733) groupant ses pièces, dans la tradition de son temps, par tonalités majeurs et mineurs. Il appelle ces groupes "Ordres" parce que tout en gardant une certaine parenté avec la Suite, ils ne s'y conformaient pas complètement. La pièce reste l'unité musicale avec sa propre nature mélodique et rythmique.

Couperin lui-même nous donne des indications détaillées sur la manière de jouer sa musique. Une des grandes difficultés est celle des ornements qui, au piano, devraient presque disparaître dans la ligne mélodique.

Le phrasé dans le sens classique et du 19ème siècle, n'existait pas du temps de Couperin. Il utilise des petites liaisons et dans son troisième livre de clavecin, introduit la virgule. Nous en expliquons le sens séparément. Nous n'avons ajouté aucun phrasé. La mélodie de Couperin ressemble tellement à la diction d'un chant que le phrasé en découle naturellement.

Peut-être plus qu'aucun de ses contemporains, il avait une perception juste et aigüe des qualités d'expression de chaque instrument et plus peut-être des problèmes du clavecin. Dans ses écrits, il insiste sur ses efforts à en corriger les défauts: . . . "les sons du clavecin étant décidés, chacun en particulier, et par conséquent ne pouvant être enflés, ni diminués . . ." Au piano dans la bonne tradition préclassique, it faudrait certainement utiliser sa puissance avec modération. Dans cet esprit, un sens musical averti et le respect pour le goût du temps sera un guide sûr pour l'exécutant.

Couperin est un grand mélodiste. Sa mélodie ondule d'une main à l'autre, jamais en un vrai contrepoint, fleurissant dans un dessin compliqué sur lequel les ornements trouvent leur place sans jamais être l'essentiel — mais aidant l'expression et le dessin, ce qui n'est pas le plus facile de l'interprétation. Il s'emporte dans une grande variété d'expression — joyeuse, burlesque, tendre, languissante, fière, noble, tragique.

Son harmonie est riche et spontanée, hardie avec ses dissonances chromatiques, son contrepoint très libre dans l'utilisation des voix qu'il n'emploie pas de manière rigoureuse. Voici quelques exemples des formes les plus caractéristiques.

Dans certaines pièces, vives souvent, les voix se succèdent dans un style d'imitation (Ardeur, Espérance, Espagnolette).

Ou bien trois voix s'entremêlent comme dans un réseau fin — jouant une seule note à la fois, toutes les autres étant tenues — faisant un chant voilé et coulant. C'est un jeu sur plusieurs mélodies et c'est en même temps un chant souple et uni, complexe et simple, plus proche du chant intime lyrique et solitaire que de toute autre musique de clavier, plus poétique et plus humain. (Li s Naissans, Fauvètes plaintives, Muse Plantine). Cette technique se retrouve dans un genre de pièces créées par Couperin: assez lentes et expressives, rêveuses, mais ni pastorales ni populaires, ni danses — profondes, tristes ou mélancoliques semblables à ce que nous trouvons plus tard chez Chopin et Debussy (La Reine des Coeurs, L'Ame en peine, l'Exquise).*

Un autre genre nouveau chez Couperin, pièces rapides, scintillantes, cascades de double-croches: "badineries" ou badinage plein d'esprit, mais avec un fond très solide (Calotins, Florentine).

D'autres encore, plus riches d'harmonies, commencent comme La Ténébreuse, toujours en contrepoint, la deuxième voix se transformant rapidement en basse accompagnant le chant, tout en harmonies sombres.

*La Favorite est une chaconne-rondeau à deux temps: "Il n'y a rien en dehors de Bach qui a une telle solidité et majesté de maîtrise et cependant ne peut être écrit que par Couperin, avec une basse merveilleusement chantante, sévère et gracieuse en même temps.***

Finalement dans la Passacaille d'une expression superbe et puissante, Couperin emploie toute l'étendue de son instrument. Malgré la très grande intensité, la forme classique domine le cadre: c'est une assertion vigoureuse et disciplinée de grandeur tragique et résolution finale. C'est une chaconne-rondeau comme la Favorite mais le thème du rondeau ascendant au lieu de descendant.

On a beaucoup écrit sur les titres de Couperin. Lui-même dit dans la préface de son premier livre: "J'ai toujours eu objet en écrivant toutes ces pièces, fourni par différentes occasions: ainsi, les titres répondent aux idées que j'ai eues, on me dispensera d'en rendre compte". Un peu plus tard, Rousseau dit: "L'art du musicien ne consiste point à peindre immédiatement les objets mais à mettre l'âme dans une disposition semblable à celle où la mettrait leur présence".

Ces citations et ce que nous savons sur l'intérêt qu'à l'époque on portait aux portraits, à la vérité universelle sur l'homme révélée dans les signes extérieurs, nous expliquent l'essentiel de la place de ces titres et de leur sens. Ils suggèrent aussi une manière de jouer, le caractère. Lorsqu'ils ne sont pas mystérieux, ils indiquent une qualité, comme L'Exquise. Cela pourrait être dédié à une personne tenue pour exquise ou simplement évoquer la façon d'être exquise. Ils sont loin d'appartenir toujours aux portraits féminins, même quand leur forme le suggère. Ils représentent un grand éventail "d'images vraies", de nature, de scènes intimes, satires, évocations.

Comme Bach, Couperin est vite oublié dans le changement tumultueux qui transforme la musique après 1730-1750. Tous les deux appartiennent au temps du clavecin. Bach a été redécouvert par Mendelssohn vers 1830 et joué comme normal à cette époque, au piano. Maintenant, c'est une coutume bien établie. J'ai suggéré ailleurs que c'est également justifié pour Scarlatti, même dans ses pièces moins spectaculaires mais non moins parfaites qui ont été si longtemps négligées. Cela devrait être aussi vrai pour Couperin avec son dessin incisif et limpide et l'intensité de sa pensée. Le piano nous offre une variété étendue de moyens à condition de le manier avec le respect qui s'impose pour le goût du temps. Il n'est jamais nécessaire d'imiter le clavecin.

La redécouverte de Couperin date à peine de cent ans. Elle est venue à la faveur du style nouveau qui a remplacé la tradition romantique. La rupture est due à Debussy. C'était la découverte des formes musicales et dramatiques nouvelles: moins subjectives, discrètes et poétiques, plus proche de l'esprit de retenue classique.

Les traits dominants de Couperin apparaissent tôt: mélodie, invention, maîtrise. Il n'était pas un miniaturiste. Sa musique est pleine de vigueur autant que de finesse. Il savait sa valeur. Il avait la modestie des génies.

**Citron: Couperin, pp. 91, 109.*

***Mellers: François Couperin, p. 210.*

Il est poête du charme et de l'émotion, sensible, mélancolique, ennemi de ce qui n'est que brillant. Laissons le dire: "j'avouerai de bonne foi que j'aime beaucoup mieux ce qui me touche que ce qui me surprend".

Cette collection contient, nous pensons, quelques-unes des plus belles pages de ce grand musicien.

Le texte suit scrupuleusement l'édition originale sauf quelques changements aidant à la clarifier et qui sont indiqués plus loin. Le musicien accompli — pianiste ou claveciniste — n'y trouvera que les tâches imposées par la musique même.

C'est aussi un Couperin gradué afin de guider et d'aider le progrès et le développement des musiciens moins habiles, et de rendre plus facile l'accès de cette musique à la fois magnifique et charmante.

INTRODUCTORY NOTES

Couperin used five clefs (G, F, and three C clefs). We have used only the G and F clefs as in modern practice.

In most of the pieces written in minor keys (D, G, C) Couperin omits the last flat in the key signature. This was the custom of his time. Today, it would be confusing to use this notation.

Some accidentals have been changed. Couperin in his first books does not use the natural (♮) sign. Instead, he uses the flat sign to naturalize a sharp.

All phrasings are from the original edition of Couperin's clavecin pieces. Slurs were printed thus, ┌┐ └┘. We have used their modern counterpart, thus, ⌒ ‿ . A slur over two notes the second of which has an ornament changes the structure of the ornament. (See table.) 

The only other clue to phrasing we have from Couperin is the comma (’), introduced to "mark the end of melodic or harmonic phrases and to separate the finished melody from that which follows. It denotes an almost imperceptible break and must never be allowed to distort the rhythm. If neglected, it will be clear to a person of taste that something is lacking in the playing, just as the difference between readers who rush through sentences, and those who respect the commas and periods."*

We have been unable to find any explanation of Couperin's use of the white open note. (See *La Langueur* and *Les Invalides.*) We left them as in the original notation and have had to conclude that there is an interpretive meaning to their use, rather than a rhythmic one. Thus, the stems give the value of the notes, and may be played a little slower than they would if written in modern notation.

All metronomic markings (unknown at the time) have been added as a suggestion to the performer. Tempi were never described in Italian terminology, and there was no need to indicate the tempo of dances (allemande, menuet, etc.) since they were known. On the other hand descriptions of mood most often imply degrees of tempo. Words such as *gayly* or *lightly* indicate a faster tempo, just as *langor* indicates a slower one. There are finer shades, such as *moderately vivacious*, or *tender lightness*. *Tenderly* will take on a possibly different degree of slowness or moderate movement, depending on the writing of the particular piece, but the piece should never be played too slowly.

All dynamics have been added by the editor.

Unequal notes have been much discussed lately. We are concerned with this discussion only where it concerns Couperin's work. In many places where a rhythmic change would be expected, he explicitly in his notation avoids using it by stating "equal notes." He always gives precise directions for the interpretation of his music—"neither omissions nor additions." We note this obvious tendency of his not to use unequal notes, leaving it to the taste of the performer.

We have left Couperin's original notation of certain rhythmic motives  , even if the notation is inexact: the short notes should be played as fast as possible and, within the span of the beat, the long note must be held longer than is written. Double dots were not used at that time.

Certain ornaments are put in small size in order to make it easier for the pianist. They could be omitted the first time.

M. M. M.

**Preface* to the Third Book of Harpsichord.

NOTES D'INTRODUCTION

Couperin utilise cinq clefs (sol, fa et trois clefs d'ut). Nous avons écrit en clef de sol et fa.

Dans beaucoup de pièces en mineur (ré, sol, do) Couperin n'indique pas le dernier bémol à la clef. C'était une coutume du temps. Nous en avons rétabli l'usage.

Certains accidents ont été changés. Dans ses premiers livres Couperin n'utilise pas le bécarre. Il met un bémol pour rendre la note dièzée naturelle.

Tous les phrasés sont pris dans l'édition originale des pièces de clavecins de Couperin. Les liaisons ont ce signe ┌┐ └┘. Nous avons utilisé le signe moderne ⌒ ‿ . Une liaison au-dessus de deux notes dont la dernière est ornementée change la structure de cet ornement. (Voyez la table).  *La seule autre indication de phrasé de Couperin est la virgule (’) introduit nous dit-il "pour marquer la terminaison des chants, ou de nos phrases harmoniques et pour faire comprendre qu'il faut un peu séparer la fin d'un chant avant de passer à celui qui suit; cela est presque imperceptible en général, quoiqu'en n'observant pas ce petit silence les personnes de goût sentent qu'il manque quelque chose à l'exécution; c'est la différence de ceux qui lisent de suite, avec ceux qui s'arrêtent aux points et aux virgules."* *

Nous n'avons pas pu trouver d'explications sur l'usage que fait Couperin des notes blanches à rythme de croches (Voyez La Langueur, Les Invalides). Nous en avons laissé la notation originale mais supposons qu'il y avait une idée d'interprétation dans cet usage plutôt que rythmique. Les queues donnent la valeur des notes qui devaient être jouées peut-être un peu plus lentement qu'en notation moderne.

Nous avons suggéré les mouvements métronomiques inconnus dans ce temps.

Les indications italiennes des tempi n'étaient pas en usage. Les mouvements de danses (Allemande, Menuet) étaient connus des éxécutants. Les indications de caractère avaient souvent pour Couperin une implication de mouvement — gaiement, légèrement indiquaient des mouvements un peu vifs; langueur, plus lent. Il y mettait des nuances subtiles: modérément vif ou légèreté tendre. Tendrement avait des différents degrés de mouvement suivant l'écriture particulière de la pièce, mais jamais très lentement puisque le clavecin ne peut pas prolonger le son.

Toutes les nuances sont ajoutées.

Notes inégales ont été vivement discutées dernièrement, nous nous en préoccupons uniquement pour l'oeuvre de Couperin. Souvent quand un changement rythmique pourrait être attendu il l'évite en marquant "notes·égales". Comme il donne toujours des indications précises pour l'exécution de sa musique (ne pas supprimer, ni ajouter) nous le mentionnons en laissant le choix au goût de l'exécutant.

Nous avons laissé la notation originale de Couperin de certains motifs rythmiques même si la mesure en est inexacte: 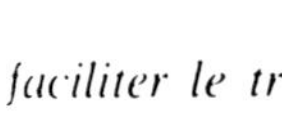 *les notes courtes doivent être jouées aussi vite que possible et la longue allongée en proportion. Les doubles points n'existaient pas à l'époque.*

Pour faciliter le travail et l'exécution au piano, nous avons marqué un certain nombre d'ornements en caractères plus petits. On pourra les omettre en commençant l'étude. Il faut jouer les ornements au piano en tâchant de préserver la plus grande pureté de la ligne mélodique.

M.M.M.

**Préface du troisième livre des Pièces de Clavecin.*

ORNAMENTS
AGRÉMENS

Pincé = mordent = +

Written Played

Begin on beat, on the principal note.
If the mordent is above a longer note play a longer trill.

Commence sur le temps.
Si le pincé est placé sur une valeur plus longue, allongez le trille.

Tremblement = short trill = ∿

Written Played

Begin on the beat, on the note above.
If ∿ is on a longer note play an appropriately longer trill.
Commence sur le temps, sur la note supérieure.
Si le ∿ est placé sur une valeur plus longue allongez le trille.

Tremblement lié = short trill on slurred note.

Written Played

Does not begin on note above.
Ne commence pas sur la note au dessus.

Port de voix = appoggiatura

Written Played

Play on the beat, takes value from the following note.

Jouez sur le temps, prends sa valeur sur la note suivante.

Accent = appoggiatura after the note.

Written Played

Doublé = turn = ∾

Written Played

Begin on note above.

Commence sur la note supérieure.

Doublé = turn = ∾

Written Played

Placed between notes.

Placé entre deux notes.

Tremblement et doublé = short trill and turn = ∿ ∾

Written Played

Arpègement = arpeggio = ⦚

Written Played

Tierces coulés = /

Written Played

Aspiration

Written Played

Examples of ornaments as written and played

La Virginité

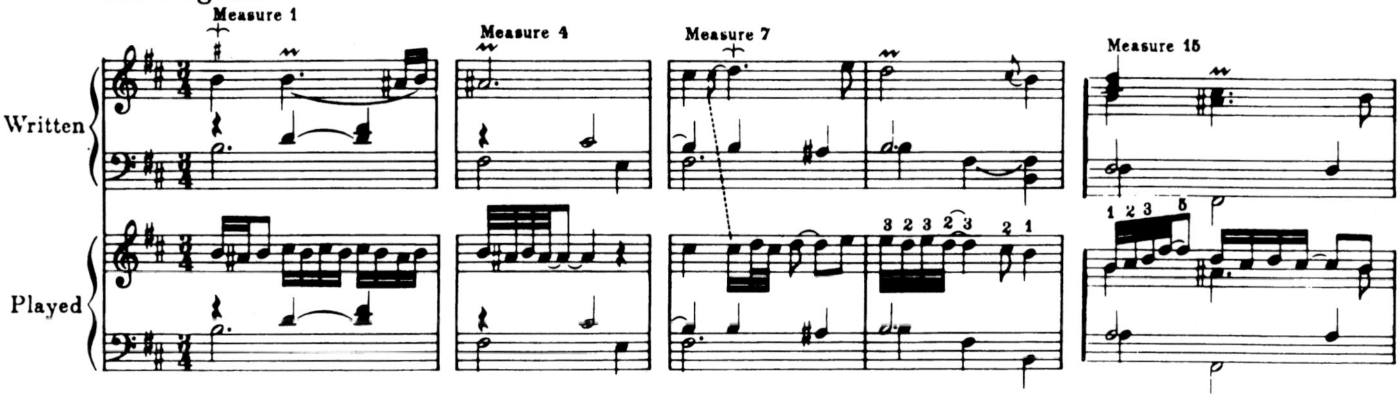

Menuet

Les Canaries

La Pastorelle

L'ame en peine

La Reine des Coeurs

L'Espagnolette

Air de Viéle

La Ténébreuse

Passacaille

CONTENTS

*Les Folies Françaises, ou les Dominos

LA VIRGINITÉ sous le domino couleur d'invisible
VIRGINITY in a domino of invisible color

(Ordre 13)

*Les Folies Françaises

Four pieces from a series of short pictures of human passions represented by carnival characters each wrapped in a domino, or costume of a symbolic color.

Menuet

(Ordre 3)

Les Folies Françaises

LA LANGUEUR sous le domino violet
LANGUOR violet domino

(Ordre 13)

Egalement
Evenly [♩♩ = c. 66]

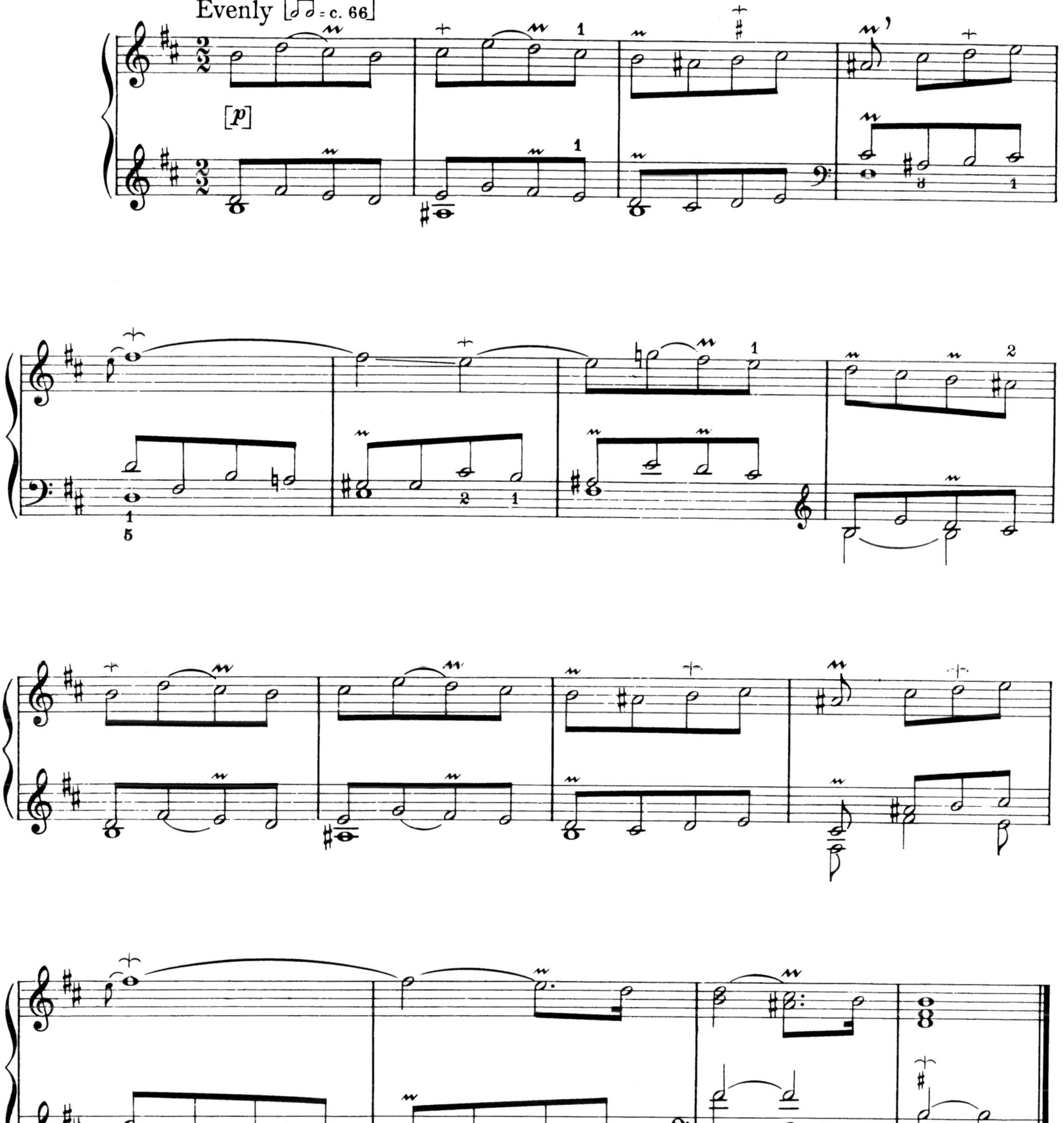

Les Folies Françaises

L'ARDEUR sous le domino incarnat
ARDOR crimson domino

(Ordre 13)

Animé
Animated [♩= c. 92]

Les Canaries
DANCE from the CANARY ISLANDS

(Ordre 2)

Les Folies Françaises

L'ÉSPERANCE sous le domino vert
HOPE green domino

(Ordre 13)

Gaiement
Gaily [♩= c. 100]

La Pastorelle
A Pastoral Song

(Ordre 1)

Naïvement
Candidly [♩= c. 44]

*Les Fastes de la grande et ancienne Ménestrandise

Memorable feats of the great and ancient Minstrelhood

Les Vieleux et les gueux/Viol players and Bums

(Ordre 11)

Air de Viéle [𝅗𝅥 = c. 72]

* Two middle pieces from a suite mocking a society of musicians who insisted on imposing their authority and rules. Composed as a musical parody of the five acts of a tragedy, it goes from a solemn "Notables and Magistrates" to a plaintive and a lively parade of grotesque and pitiful figures at their service, and to their final rout in a free for all by jumpers and tricksters leading their bears and monkeys.

[p]
[mf]
[cresc.]
1.
2.
[f]
[f]

Les Invalides
The Invalids

(Ordre 11)

[cresc.]
[p]
[p]
[cresc.]
[f]
[mf]

L'Espagnolette

Little Spanish Girl

(Ordre 3)

D'une legéreté modéré

Moderately light [♩. = c. 58]

Les Abeilles
The Bees
(Ordre 1)

L'ame en peine

Aching Soul

(Ordre 13)

Languissament
Languidly [♩= c. 58]

La Florentine

[p]
[p]
[cresc.]
[f]

La Croúilly ou la Couperinette

(Ordre 20)

Delicatement, sans vitesse
Delicately, without hurry [♩ = c. 104]

[p]
[mf]
[p]
[cresc.]
[mf]
[p]

La Voluptueuse
The Voluptuous

(Ordre 2)

Tendrement
Tenderly [♩. = c. 56]

Couplet 2
[mf]
Rondeau
[mp]
Couplet 3
[p]

Rondeau
[mf]

*Les Calotins et les Calotines

(Ordre 19)

* Calotins

Calotins were young people, mostly military and courtiers, banded together in a more or less secret society for the purpose of relieving the growing austerity of the court by writing funny verses and plays. Their insignia was a lead skull cap with bells around.

Couplet 2
[mf]
[mf]
Couplet 3
[f]
Rondeau
[f]

Les Lis Naissans

Burgeoning Lillies

(Ordre 13)

Modérement et uniment
Moderately and evenly [♩= c. 108]

*Played 

[cresc.]
[dim.]
[p]
[p]
[cresc.]
[mf]
5 8 2 1
[cresc.]
[mf]

Le Carillon de Cythère
The Enchanted Bells of Cythere
(Ordre 14)

Agréablement, sans lenteur
Pleasingly, not too slow [♩= c. 69]

[cresc.]
[f]
[mf]
[f]

[p]
[cresc.]
[f]
1.
2.

La Reine des Coeurs

The Queen Of Hearts

(Ordre 21)

Lentement, très tendrement
Slowly, very tenderly [♪= c. 69]

[p]
[mp]
[mf]
[cresc.]
[mf]
[dim.]
[mp]
[dim.]
[p]

La Muse Plantine
The Plantine Muse

(Ordre 19)

[♩. = c. 72]

Rondeau

[f]
[dim.]
[pp]
[mf]
[dim.]
[mf]

[cresc.]
[f]
[mf]
[f]
[mf]

La Couperin

(Ordre 21)

D'une vivacité moderée
Not too lively [♩. = c. 72]

p
[p]
[mf]

[p]
[mf]

La Ténébreuse
The Gloomy
(Ordre 3)

[mf]
cresc.
[f]
1.
2.

Les Rozeaux
The Reeds
(Ordre 13)

Sans lenteur, tendrement
Not too slow; tenderly [♪ = c. 104]

[mf]
p
Couplet 2
[pp]

[p]
[cresc.]
[mp]
[p]

Les Fauvètes Plaintives

Plaintive Warblers

(Ordre 14)

Très tendrement

Very tenderly [♩= c. 62]

[dim.]
[cresc.]
[mf]
[p]
[pp]
1.
2.

La Triomphante
The Triumphant

(Ordre 10)

Vivement; les croches égales
Lively; eighth notes even [♩= c. 88]

Couplet 2
4
1
4
2
1
tr
tr
Rondeau

Couplet 8
tr
tr

Les Jumèles
The Twins
(Ordre 12)

Affectueusement
Affectionately [♩= c. 80]

[mf]
[p]
1.
2.
Mineur
Minor
[mf]

[mf]
[p]

La Favorite
The Favorite

(Ordre 3)

Gravement, sans lenteur
Gravely, not too slow [𝅗𝅥 = c. 63]

Couplet 2
[p]
4 1 2
[mp]
Rondeau
[f]
1.
2.
Couplet 8
[mf]

[p]
[mf]
[f]
1.
2.
Couplet 4
[pp]
Rondeau
[f]

1.
Couplet 5
2.
[cresc.]
[mf]
[mf]
1.
2.

L'Exquise
The Exquisite
(Ordre 27)

[mf]
[f]
[p]
[cresc.]
[f]
[p]
[cresc.]
[mf]
[dim.]

Passacaille

(Ordre 8)

1 2
Rondeau
[f]
Couplet 3

Rondeau
[f]
Couplet 4
[mf]
[f]

*Well marked

Couplet 7
mf

Couplet 8